◆印は不明確な年号、ころの意味です。

文　化	世界の動き	西暦
	1830　フランス＝7月	1830
1833　安藤広重『東海道五十三次		
1837　渡辺崋山『鷹見泉石像』		
1838　緒方洪庵、大坂に適塾を開		
高野長英『夢物語』		
1841　水戸藩、弘道館開校	1840　清＝アヘン戦争（―1842）	
1848　本木昌造、印刷機を輸入		
		1850
1851　本木昌造、流し込み活字を作る	1857　インド＝セポイの乱（―1858）	
1856　吉田松陰、萩で松下村塾を主宰		
1858　福沢諭吉、オランダ語の塾を開く	1859　ダーウィン『種の起源』	
1859　アメリカ人宣教師ヘボン、来日		
1866　福沢諭吉『西洋事情』	1861　アメリカ＝南北戦争（―1865）	
1869　人力車が発明される	1863　リンカーン、奴隷解放宣言	
1870　前島密、郵便創業の建議をおこなう	1866　ノーベル、ダイナマイトを発明	
1871　東京・大阪間に郵便実施		
1872　福沢諭吉『学問のすすめ』		
新橋・横浜間に鉄道開業	1871　ドイツ帝国成立	
学制公布		
太陰暦をやめて太陽暦を使う	1876　マーク・トウェーン『トム・ソーヤーの冒険』	
1875　気象観測はじまる		
1877　博愛社創立		
田口卯吉『日本開化小史』	1878　ベルリン会議	
		1880

目　次

せかい伝記図書館　30

渡辺崋山
勝　海舟
西郷隆盛

いずみ書房

渡辺崋山

（1793—1841）

武士、画家、思想家として、日本の新しい時代を夢見て強く生きた、江戸時代末期の偉人。

●失敗ばかりの少年時代

江戸時代の終わりに、日本の進むべき道をしっかり見つめて生きた渡辺崋山は、1793年に、江戸（東京）で生まれました。このころは、外からは日本との交わりを求める外国船の来航がつづき、国内では、たびかさなるききんで農民の反乱が起こるという、不安な時代でした。崋山が生まれた年にも、天皇中心の尊王論を説いた高山彦九郎が自殺し、外国から日本を守る国防論をとなえた林子平が、牢獄で死んでいます。

崋山の父は、三河国（愛知県）田原藩の江戸づめの武士でした。しかし、ろく高（給料）は低く、家は貧乏でした。

崋山は長男です。しっかりしないといけません。ところが、少年時代の崋山は、いつも失敗ばかりしました。

「6歳のころ、ひき車にぶつかって、みぞに落ちたとき、

わたしは、気を失ったわけでもないのに、なぜか泥のなかにあおむけになったまま、しばらくたおれていたらしい。ふつうの子なら、すぐ起きあがってくるのに……」

崋山は、のちにこう語って笑ったことがあります。頭がおかしかったからでも、とくに運動神経がにぶかったからでもありません。考えごとを始めると、夢中になってしまうくせがあったのです。

11歳のときには、命をおとしてしまったかもしれないほどの、大失敗をしました。やはり、考えごとをしながら、日本橋の通りを歩いていたときのことです。

「ぶれい者め！　ひかえろ！」

大声に、あっと気づいたときは、もう、ておくれです。崋山は、大名行列の前を横切ろうとしていました。おとなだったら、たちまち切り捨てられているところです。幸い、子どもだった崋山は、命は助かりました。でも、家来からひどくなぐられました。

このとき、ふと、行列のなかの美しいかごを見ると、そのかごに乗っていたのは、自分と同じ年くらいの若君です。同じ人間なのに……。こう思うと、なぜだか悲しくてしかたがありませんでした。

湯をわかしながら、かまどの火明かりで本を読んでいて、たいせつな着物をすっかりこがし、母にしかられたこともあります。しかし、このような崋山も、成長するにしたがって、たのもしい青年に変わっていきました。

●学者から画家の道へ

「しっかり勉強して、りっぱな学者になろう」

崋山の心に、しだいに、こんな考えがめばえていきました。大名行列につきあたってなぐられたときに見た、かごのなかの若君のことが、いつまでも忘れられなかったのでしょうか。「身分がちがうのはしかたがない。でも、りっぱな学者には、だれだってなれるし、学者としてえらくなれば、大名にでも教えることができる」と、考え

るようになったのです。

　崋山は、自分の夢を父にはっきりつげて、12歳になった年から、田原藩の学者鷹見星皐のもとへかよって、儒学を学び始めました。そして、正直でまじめな性格の崋山は、ただ頭で学ぶだけではなく、学んだことは、ひとつひとつ実行していくことを、心にちかうようになっていきました。儒学をとおして、中国の孔子の教えを深く学ぶうちに、世の中のほんとうに正しいことが、はっきりと見分けがつくようになったからでしょう。

　しかし、正しいと思うことがわかっても、まだ、それをすぐ実行していくことは、できませんでした。現実の生活には、いつまでつづくかわからない貧乏が、横たわっていたからです。
父はしだいに病気がちになり、崋山の下には、たくさんの弟や妹たちもいます。10歳のころから田原藩に仕えた崋山がもらってくるお金など、ほんのわずかです。家の暮らしを少しでも楽にするために、3歳の弟の熊次郎を寺へあずけることまで、しなければなりませんでした。
崋山は、もうひとつ新たな決心をしました。
「そうだ、絵をかくことで、暮らしを楽にすることもできるのだ。絵の勉強もしてみよう」
幼いころから絵をかくことがすきだった崋山は、このころ、ある流行画家が、大きな屋敷に住み、たくさんの弟子をかかえて豊かな暮らしをしているのを知り、この絵の道を考えついたのだろうと、いわれています。
考えたことを、すぐに実行に移すようになっていた崋山は、鷹見星皐に相談しました。すると心よく、画家の白川芝山への紹介状を書いてもらうことができました。

●人間の生きたすがたを見つめて

15歳の崋山は、本を読むこともつづけながら、絵筆をとり始めました。ところが、芝山のもとへ入門して1年もたたないうちに、破門されてしまいました。お礼の

お金を満足にはらうことができなかったからです。

困った崋山は、こんどは父の紹介で、金子金陵の弟子になりました。金陵は、中国人に画法を学び、また、西洋の絵のえいきょうも受けて、明るい色で花や鳥などをえがき、しかも陰影で、絵に深みをだすのが得意でした。

崋山は、これまでの日本画にみられなかった技法を身につけていき、やがて、江戸第一の画家とたたえられていた文晁にも、絵を教わるようになりました。

崋山が、初めて絵の注文を受けたのは、20歳のときでした。買ってくれたのは、南部藩（岩手県）の大名です。このとき崋山は、画代にもらったお金で母を温泉へつれて行き、生まれて初めての親孝行をしました。しかし、これで暮らしが楽になったのではありません。まだまだ、燈籠絵などをかく内職を、つづけなければなりませんでした。どうやら絵で生活できるようになったのは、22歳をすぎてからです。

「美しい風景や花だけをえがくことはない。生き生きと生活している人間のすがたこそ、しっかりえがくべきだ」

このように考えた崋山は『一掃百態』などの作品で、武士、商人、農民、芸人などのありのままのすがたを、自分の目でたしかめて、まるで生きているようにえがき、美しい絵になれた人びとを、おどろかせたのです。また、人の顔かたちだけではなく、目に見えない人の心までも表現してみせて、おおくの人びとを感動させました。儒学で学んだ、正しいものを見る目が、しぜんに絵にも表われたのではないでしょうか。

●貧しい農民たちのために

崋山は、絵をかくことだけに熱中したのではありません。『一掃百態』をかいた年には、田原藩の武士たちの、だらしない生活ぶりを非難して、藩政改革の意見書を藩の重役にさしだしています。

また、若い仲間たちといっしょに、藩のたてなおしを

はかる運動もおこしました。しかし、重役たちは、崋山の意見など、まったくとりあげてくれません。がっかりした崋山は、もう藩のことなどに気をつかうのをやめ、いっそ長崎へ行って、絵の勉強にうちこもうかと考えました。しかし、藩に仕えることだけで生きてきた父に、反対されてしまいました。

1824年に父が亡くなり、31歳になっていた崋山は、渡辺家をつぎました。肖像画などの絵をかくこともつづけましたが、それまで以上に、藩の仕事にはげまなければなりません。やがて8年ごに年寄役(重役)に進むと、まず、田原藩の農業をさかんにすることを考えました。

農業をさかんにするためには、農民が、農業にうちこめるようにしてやらなければいけません。崋山は、領民の負担になっている助郷のめんじょを、幕府にねがいでました。助郷というのは、大名が参勤交替で領内を通過するとき、領民が、行列のせわをすることです。道路をなおしたり、橋をかけたり、馬をさしだしたりする義務があり、農民たちにとってはたいへんです。

幸い、助郷めんじょのねがいはききとどけられ、崋山は、農民たちに慕われるようになりました。

「農作物が、少しでもたくさんとれるようにしよう」

崋山は、つぎにはこのように考えて、大蔵永常という農学者をまねき、作物の改良や移植を進めました。また、佐藤信淵という有名な農学者をたずねて、寒さに強い農作物や、農具の改良、用水池の掘り方などを学び、領内の農業を一歩一歩、しっかりしたものにしていきました。

そんなとき、1833年（天宝４年）から数年にわたって、歴史に残る「天保の飢饉」が起こり、日本じゅうで数えきれないほどの人たちが、飢え死にしました。また、農民たちが領主のもとへおしよせる一揆なども起こりました。しかし、田原藩では、餓死者もでなければ、一揆も起こりませんでした。崋山の力で、農業の改革が進められてきていたからです。

●日本全体のことを心配して

藩での、崋山の仕事のひとつに、海防掛というのがありました。たびたび日本へやってくる外国船に目を光らせて、海岸の守りを考え固める役です。

崋山は、よその藩の海防のようすを調べてまわりました。また、外国のことを深く知るために蘭学書を読むことを考えて、オランダ語を学びました。そして、蘭学者としてもすぐれていた医者の高野長英や小関三英らとの交わりを深め、やがて、長英らがつくっていた尚歯会にくわわって、いろいろ西洋の研究を始めました。西洋の武器や船のことも、政治や経済のことも、西洋人のものの考え方なども、みんなで論議をかさねて、少しずつ頭に入れています。そして、西洋の文明がどうして進んだかを調べていくうちに、西洋人は、疑問があればどこまでも追究していく心をもっていることなどを、つきとめ、自分の考えに生かしていきました。

崋山は、この海防のことを考えながら、いっぽうでは、つねに領民たちの幸せをねがって、藩の政治に立ちむかいました。しかし、石高は、わずか1万2000石の小さな藩です。藩のことにいっしょうけんめいになればなるほど、心のなかに、ふっきれないものがつのります。

「もっと大きく、日本全体のことを考えなければ……」

45歳のとき、崋山は、国のために生きることをねがって、藩の重役をしりぞくことを考えました。でも、藩主に申しでても、許されませんでした。

国のことを思うようになった心は、もう、変わりません。崋山は、そのつぎの年に、思いあまって『慎機論』という本を書いて、日本へやってきた外国船を追いはらおうとする幕府を、きびしく、ひはんしました。海防掛として見聞きしたことや、尚歯会で学んだことなどから、日本は鎖国をやめて外国と交わるべきだ、と信じるようになっていたからです。

その１年まえには、高野長英も『夢物語』という本を著わして、広い世界に目を開こうとしない幕府の心のせまさを、やはり、きびしくいましめていました。

●幕府に捕えられ、やがて自殺

『慎機論』も『夢物語』も、正式に出版されたのではありません。しかし、同じ考えの人たちの手から手へ渡って広まり、幕府の役人のなかにも、崋山たちに教えを受けようとするものが現われました。自分たちのやりかたをひはんされたうえに、崋山や長英の人気が高まるのを見て、おもしろくないのは幕府です。

幕府は、1837年に、日本人漂流者７人を送って来航したアメリカ船モリソン号を、砲撃をくわえて追い返していましたが、長英の書いた『夢物語』には、この事件を起こした幕府のことが、悪くののしられていました。崋山も、ひとつには、このモリソン号事件をだまって見すごせずに『慎機論』の筆をとったのです。

1839年５月、崋山は、ついに尚歯会の弾圧にふみきった幕府に、長英らとともに捕えられ、牢獄につながれてしまいました。幕府をひはんしただけではなく、ひそかに海外へ渡ろうとした、農民に味方をして反乱を起こした大塩平八郎と通じていたなどというのが、崋山らにきせられた罪です。

幕府をひはんしたことをのぞけば、無実です。でも、幕府の力にはさからいきれません。崋山は、獄をでたあとは田原藩に身がらをあずけられ、三河国の領内に住まいを移されてきんしんを命じられてしまいました。

それから２年ごの1841年、弟子の福田半香が、崋山の生活を助けることを考えて、江戸で、崋山の絵の展覧会を開いてくれました。ところが、まもなく崋山の耳に入ってきたのは「罪人のくせに展覧会を開くとは、いよいよ不きんしんだ」という、うわさでした。

崋山は、自殺を決心しました。わざわいが、田原藩主

におよぶことを、おそれたからです。夜、年老いた母がぐっすりやすんだのを見とどけ、愛する妻や３人の子どもにもひそかに別れをつげて、静かな納屋で、刀を腹に突き立てました。48歳でした。

蘭学者としては不幸でしたが、画家としては、すばらしいものをたくさん残しました。親友をえがいた『鷹見泉石像』などは、日本の肖像画のなかでも、傑作のひとつに数えられています。きんしんを命じられてからのちも『異魚図』『田園雑居図』などの絵を残しています。武士として、学者として、画家として、新しい時代を夢見て生きた、強い生涯でした。

勝 海舟

（1823―1899）

軍艦咸臨丸で太平洋横断をなしとげ、日本の将来を見とおして生きた、明治維新の先覚者。

●貧乏旗本の子に生まれ

明治維新に活躍し、幕府の軍艦咸臨丸に乗りこんで日本人として初めて太平洋を横断した勝海舟は、1823年の１月に、江戸（東京）本所の亀沢町に生まれました。本名は義邦、海舟は号です。ふだんは麟太郎とよばれました。

父の小吉は旗本でした。幕府の将軍に直接つかえ、将軍のまえにでることも許されていた武士です。しかし小吉は、剣術にはすぐれていましたが、旗本のなかでも身分が低いうえに、幕府からなんの役も与えられていませんでしたから、家の暮らしは、小吉自身が古道具屋などの内職をしなければならないほどの貧しさでした。

父は、けんかが好きでした。でも、町の人たちからは勝先生、勝先生と、したわれました。どんなけんかも恐れない強さといっしょに、いつも弱い者や貧しい人をい

たわるやさしい心をもった、男らしい人だったからです。幼い麟太郎も、けんかには賛成できないところがあっても父が好きでした。

少年時代に、こんなことがありました。ある日、夕暮れの道を歩いていた麟太郎は、とつぜん大きな犬におそわれ、気を失ってしまいました。かみつかれた内ももの肉が、ぱっくり口をあけてしまったのです。

やがて、戸板にのせられて、家へはこびこまれました。ところが、よびよせられた医者は、傷口の大きさにふるえるばかりです。するとそのとき、父は、ぬいた刀をぎらりと光らせて、さけびました。

「さあ、医者なら、きもったまをすえて傷口をぬうのだ。麟太郎、がまんしろよっ。痛いなどと、ひとことでも言ってみろ、その首をたたっきってしまうぞ」

父の荒い言葉のなかにあるのは、もえさかるほのおよりも、もっと熱い愛情です。ぶじに傷の手当てが終わると、父は、近くの神社へ走って、麟太郎の全快をいのりながら、水をかぶりつづけたということです。なみだひとつ流さなかった麟太郎の強い心、父の大きなはげまし、それに母の愛がひとつになって、麟太郎の傷は、およそ70日ほどで、すっかりよくなりました。

●はげしい剣術にたえぬいて

麟太郎は、6歳のとき、父のおばのせわで江戸城へのぼり、将軍徳川家斉のまごにあたる春之丞の、相手役をつとめることになりました。身分の低い旗本の子には、思いもかけなかったことです。わが子の出世をねがう父は、会う人ごとにじまんをして、よろこびました。

しかし、この夢のようなことは、春之丞の病死で、およそ2年しかつづきませんでした。でも麟太郎の心には、ひとつの火がともりました。城の庭で見た西洋の大砲が、麟太郎の心を、広い世界へむけさせたのです。

城からさがった麟太郎は、学問と剣術にうちこむよう

になりました。とくに、10歳のころから人いちばいはげむようになったのは、人に負けない強い心を育てるための剣術です。1838年に、父がいんきょして、15歳の麟太郎が勝家をつぐと、中津藩（大分県）出身の剣術者島田虎之助の道場へすみこんで、気性のはげしい父でさえもおどろくほどの、きびしい修業を始めました。

　島田道場は、荒いことで有名でした。しないをにぎって、いちど立ちあがると、真剣勝負のようなけいこが3時間も4時間もつづきます。けいこ着は汗でぐっしょりになり、目はくらみ、足は棒のようになってしまいます。しかし麟太郎は、目を見はり歯をくいしばって、苦しさにたえぬきました。

冬には、夜中の寒げいこも命じられました。たったひとりで、道場からおよそ10キロメートルはなれた神社の森へ、かけて行き、杉木立を相手に木刀をふって、夜明けまでに道場へもどってくるのです。黒い木が怪物のようにゆれ冷たい風が怪物のさけびのように鳴り、背すじが冷たくなるこわさにも、たえなければなりません。

「これが修業だ。負けるものか、気力でやりぬくのだ」

麟太郎は、だれにも、ぐちひとつこぼしませんでした。寒げいこのつぎには、寺へ行って、座禅をくんでくることも命じられました。心の修業です。

こうして5年、20歳になった麟太郎は、ついに島田虎之助から免許皆伝を受けました。そして、道場では虎之助のかわりをつとめ、ほうぼうの武家屋敷にも、剣術を教えにでむくようになりました。

●夜、けんめいにうつした蘭学書

江戸城で西洋の大砲を見ていらい、心の片すみで世界のことを考えつづけてきた麟太郎は、剣術の免許皆伝を得た年から、蘭学者永井青崖のもとへかよって、新しい学問も学び始めました。昼は剣術にはげみ、夜、遠くの塾へかけこんで勉強をつづけるのは、寒げいこいじょう

にたいへんでした。しかし麟太郎はくじけませんでした。新しいことを知るよろこびに、もえていたからです。

ところが、道場では「オランダ語くさい剣術なんかごめんだ……」などと、門人にきらわれるようになってしまいました。麟太郎はしかたなく道場をでて、本所錦糸町のみすぼらしい家へ移りました。でも、これで心は自由になっても、金のない貧しさだけは、どうすることもできませんでした。

あるとき、日本橋の本屋で『兵書』というオランダ語の本を見つけました。ねだんは50両です。とても手はでません。やがて、その本がある人に買いとられると、その人の家へ行って頭をさげ『兵書』を借りることにしました。その人が夜やすんでいるあいだに、自分の手でうつしとってしまおうというのです。

さあ、それからの麟太郎は、一心に筆をにぎりつづけました。ねむたくなれば、机にむかったまま目をつぶりました。そして数か月ごには、『兵書』全部を、すっかりうつし終えてしまいました。しかも、2部うつして1部は売ってお金にかえ、ほかの本を買うたしにしたということです。また『兵書』を貸してくれた人は麟太郎の熱心さに心をうたれ、のちにこの本を、お金もとらずに麟太郎へゆずりわたしたと伝えられています。麟太郎は、学問にも、剣術と同じように、いつも、真剣勝負のきもちでいどんだのでしょう。

青崖のもとで学び始めて5年の歳月が流れ、27歳の年には、赤坂に、自分の蘭学塾を開きました。このときはすでに妻をむかえ、名を海舟と名のっていました。いよいよ、きびしい社会への船出です。海舟は胸をはって天をあおぎましたが、この年に、父小吉が世を去ってしまったことだけは、悲しくてしかたがありませんでした。

●長崎で軍艦技術を学ぶ

海舟が塾を開いて3年ごの1853年、アメリカの海軍

将官ペリーが、黒船４せきをひきいて、浦賀（神奈川県）へやってきました。幕府に、鎖国をやめて国を開き、アメリカと貿易の約束をむすべというのです。しかも、要求をききいれなければ、日本を攻めるぞといわんばかりのいきおいです。幕府は、大さわぎになりました。

剣術でからだをきたえ、蘭学で知識をみがいてきた海舟に、広い世界にはばたく機会がおとずれたのは、このときです。海舟は、幕府にうったえました。

「海からくる敵は、海でふせがなければいけません。そのためには軍艦が必要です。海軍が必要です。軍艦をつくる費用などは、外国との貿易で利益をあげれば……」

海舟の、信念のこもった話に、幕府の役人たちは、ひざをたたいて大きくうなずくばかりです。海舟は、なんの役もなかった貧乏旗本から、幕府の、洋学書の先生にとりたてられ、さらに32歳のときには、長崎につくられた海軍伝習所の伝習生かんとくに任命されました。そして、それから4年のあいだ、長崎の港に入ってきたオランダの軍艦に乗りこみ、およそ200名ばかりの若者たちといっしょに、軍艦技術を学びました。また、このあいだにオランダの教官から、外国の事情についても学び、世界への目を大きく広げていきました。雨の日も風の日も訓練にとりくむ海舟と若者たちのしんぼう強さは、オランダの教官をおどろかせたということです。

●咸臨丸で越えた太平洋

1858年、幕府は、アメリカと日米修好通商条約をむすび、2年ごの1860年に、国と国との約束の文書をとりかわすために、日本使節団がアメリカへ行くことになりました。そして、海舟にも命令がくだりました。使節はアメリカの軍艦に乗りこみ、海舟は日本の軍艦咸臨丸で使節の護衛です。長崎で学んできた、日本の軍艦技術のうでをためしてみるというのも、ひとつの目的でした。
咸臨丸は、軍艦とはいっても、幕府がオランダにたの

んでつくらせた、長さ47メートル、幅7メートルの小さな船です。提督には軍艦奉行の木村喜毅が任命され、総員90名が乗りこみました。海舟は、艦長です。

　太平洋にでた咸臨丸は荒波にもまれ、海舟も乗組員も、船よいに苦しめられました。しかし、日本の海軍を世界にしめす名誉がかかっています。海舟は、あるときは自分のからだを帆柱にくくりつけるようにしてがんばりつづけ、日本をでて37日めに、みごとにサンフランシスコに着きました。アメリカの土をふんだときの海舟の目には、真珠の玉が光っていました。

　太平洋横断の偉業を果たした海舟は、帰国ご、軍艦奉行並に任命され、さらに、神戸に海軍操練所が開かれると、日本の海軍を総指揮する海軍奉行となりました。このとき心のなかでは、すでに、たんなる幕府の役人をのりこえ、両方の肩に国の将来をになった、日本の海舟になっていました。

海軍奉行になるまえのある日、土佐藩（高知県）の坂本龍馬がたずねてきました。幕府を倒して新しい日本をつくることを考えている龍馬の目は、するどく光っています。海舟があくまでも幕府の味方をするといえば、刀をぬいてきりかかってくるつもりです。龍馬の心をひと目で見ぬいた海舟は、しずかに語りかけました。

「わしをきるのは、話のあとでもよいでしょう。日本はいま、幕府だ天皇だなどと言っているときではない。世界を見つめなければいけないときです。１日も早く国の力をつけないと、日本は外国に滅ぼされてしまいますよ」

海のむこうの国ぐにの大きさや、日本人の心のせまさを説く海舟の目は、美しくすんでいます。やがて、海舟が口を閉じると、龍馬は、両手をついて頭をさげ、その場で、海舟の弟子になりました。

海舟は、龍馬を海軍操練所の塾頭にとりたてました。しかし操練所は、海舟が、幕府をひはんするような若者でも学ばせたことから、わずか１年でつぶされ、海舟の

軍艦奉行職もやめさせられてしまいました。幕府には、海舟の大きな心がわからなかったのです。

「アメリカ、イギリス、フランスなどが日本にしのびよっているのを、なんと考えているのだろうか……」

海舟は、暗い心のなかで、世界に目を開かない幕府に怒りました。そして、２年ごにふたたび軍艦奉行にとりたてられたときは、自分たちの政権が強くなることだけを考える幕府を、きびしく叱りました。

●西郷隆盛と果たした江戸無血開城

1866年に、坂本龍馬らの努力で薩摩藩(鹿児島県)と長州藩（山口県）が手をむすぶ薩長同盟がなり、それらの倒幕の力におされて、幕府の第15代将軍徳川慶喜は、1867年についに政権を朝廷へ返しました。大政奉還です。

ところが、そのご天皇を中心にした新政府軍と、あくまでも幕府に味方しようとする旧幕府軍とのあいだにはげしい戦いが始まりました。そして、1868年の3月には、西郷隆盛のひきいる新政府軍が、江戸城をめざして攻めたててきました。

朝廷から倒幕の命令を受けた新政府軍は官軍、朝廷軍にそむくことになってしまった海舟らの旧幕府軍は賊軍です。しかし、海舟には、自分が賊軍であることよりも、江戸が戦火に包まれることが、いちばん心配でした。

官軍が勝とうと賊軍が勝とうと、江戸が火の海になって日本が混乱におちいれば、そのすきに日本全体が外国にねらわれる。それに、江戸の人びとを戦火にまきこんでもいけないと考えたからです。幕府につかえてきた武士として、将軍やおおくの仲間たちの命を救うこともねがったのではないでしょうか。

3月14日、海舟は、すでに目のまえまできている西郷隆盛を、芝高輪（東京都港区）の薩摩屋敷へたずねました。そして、国を思う心、町の人びとを思う心を説いて、隆盛に、江戸総攻撃の中止をたのみました。おたが

いに尊敬しあう、英雄と英雄の会見です。海舟の情熱は隆盛の心を動かし、攻撃中止を約束させました。そして、4月11日、江戸城にたてこもっていた旧幕府軍は、しずかに城を官軍に明けわたしました。

これが、明治維新の歴史に大きく残る、江戸無血開城です。1868年10月に、明治天皇が江戸城へ入り、明治の世が明けていきました。

そのごの海舟は、新政府の海軍卿や元老院議官などをつとめ、晩年は『海軍歴史』『吹塵録』などの本をおおく書き残して、76歳で亡くなりました。日本の将来を見とおして生きた、不屈の生涯でした。

さいごうたかもり

西郷隆盛

（1827―1877）

２度の島流しをのりこえて日本を開き、西南戦争で悲しく散っていった明治維新の英雄。

●火を噴く桜島に負けるな

数万年のむかしから、南の空に火を噴き白煙をはきつづける桜島。明治維新の英雄の西郷隆盛は、1827年12月7日、この桜島をふところにだいた薩摩国（鹿児島県）鹿児島の加治屋町に生まれました。父の吉兵衛は、薩摩藩につかえる身分の低い武士でした。隆盛の幼いころの名は小吉です。

そのころの薩摩藩は、財政がたいへん苦しく、とくに身分の低い武士たちの暮らしは、３度の食事も満足にとれないほどの、貧しさに追われていました。やがて小吉には３人の弟と、さらに３人の妹が生まれていますから、大家族をかかえた西郷家の貧しさは、なおさらです。小吉は、仲間から、なにかにつけては「びんぼう人の子のくせに……」と、あざけられました。

しかし、貧しくても武士の子です。小吉は、6、7歳のころから藩の学校へかよって、読み書きのほか、武士として必要なことを学びました。学問だけではありません。薩摩では、敵を一刀のもとにたおす示現流という剣術がさかんでしたが、その示現流を、こん棒を使って身につけ、さらに、すもうや水泳などで、からだをきたえていきました。父から「あの、火を噴く桜島に負けない大きな人間になれ」と、毎日のようにはげまされたのです。

小吉は、仲間から「大目玉」「のろ吉」などとよばれたということです。からだがでかく、まゆは太く、目玉は大きく、口数の少ないのっそりとした少年だったからでしょう。でも、子どもとは思えないような落ちつきは、いつも、おとなたちを感心させ、近所の人びとからは「小吉はきっと大物になるぞ」と、うわさされました。

●強く大きな心を武器にして

ところが、11歳のとき、ふとしたことから、強い武士になる夢をたたれてしまいました。弱いものいじめをする子と争い、右うでを痛めてしまったのです。

右うでは、まっすぐのびなくなってしまい、もう、剣術をつづけることはできません。刀をとって藩につくすことができなくなった小吉は、すっかり、うちひしがれてしまいました。でも、このことが、かえって、のちの大西郷を生むきっかけになったのかもしれません。

「武芸だけが武士の道ではない。学問の力で藩につくすことを考えたらよいではないか」

福昌寺という寺の僧に、このように教えられた小吉は、気をとりなおして、学問にはげむようになりました。刀のかわりに強く大きな心を武器にして生きていくことを、自分にちかったのではないでしょうか。学問で人間をみがいていく小吉のすがたは、ますます、おとなたちの目を見はらせるようになっていきました。

やがて、小吉は名を吉之助と改め、16歳の年に、初

めて藩につかえました。領内の作物のできぐあいを調べたり、年貢米のとりたてをてつだったりする、郡方書役助という役です。

このとき、郡奉行をつとめていたのは、迫田太次右衛門という、学問にもすぐれた、心の正しい人でした。吉之助は、この迫田奉行といっしょに村むらをまわりながら、農民の暮らしのことを、いろいろ学んでいきました。

ある年のことです。大雨と大水にみまわれ、領内の米は大不作になりました。すると、農民たちの苦しみに心を痛めた迫田奉行は、年貢をへらすことを藩にねがいでました。ところが、藩から返ってきたのは「年貢をへらしてはならぬ」という命令です。

迫田奉行は「農民を苦しめるのは、ほんとうの政治ではない」と言って、奉行をやめてしまいました。このとき吉之助は、迫田奉行から、貧しい人びとを愛することのとうとさと、人間は世の中の不正と戦う強い信念をもたねばならないことを、しっかり学びました。

●日本を心配する人間へ

1851年、吉之助が23歳のときに、薩摩藩主は、島津斉興から斉彬にかわりました。斉彬は、産業をさかんにし、科学の研究を進めて、新しい日本の建設を夢見る、進んだ考えの藩主です。藩の政治をよくするために、身分の低い役人たちの意見にも、耳をかたむけてくれます。吉之助は、貧しい農民のことをもっと考えてやらなければいけないことなどを、そっちょくに、斉彬に伝えました。

吉之助は、少しずつ斉彬にみとめられ、藩につくす心を、ますます強くしていきました。ところが、その矢先、悲しいことがつづきました。父と母の死です。いちばん下の子はまだ２歳です。弟や妹をかかえて、さすがの吉之助も、いちじは途方にくれました。でも、兄弟の仲のよいことが幸せでした。

両親が亡くなって２年ごに、こんどは、思いがけない

幸運がおとずれました。江戸へ行く斉彬の供にくわえられ、鹿児島をはなれて広い世界へとびだすことになったのです。家のことが少し心配でしたが、すぐ下の弟の吉次郎が「家のことは、ぼくにまかせて、兄さんは、外でりっぱになってください」と言ってくれました。

江戸につくと、吉之助は、薩摩藩江戸屋敷の庭方役にとりたてられました。庭方役とは、庭の手入れのかんとくをする役です。ところが、数か月もしないうちに、誠実さと考え深さが信用され、斉彬の命をうけて、たいせつな使いの役を果たすようになりました。日本の政治のしくみを改めようとする斉彬の考えを、同じ考えの大名たちにひそかに伝える役です。吉之助は、斉彬のためになら命もなげだすかくごで、東へ西へ走りました。

このとき、吉之助が、心から尊敬するようになったのは、水戸藩（茨城県）の藤田東湖と、越前藩（福井県）の橋本左内でした。東湖も左内も、大きく目を開いて、外国に負けない新しい日本のことを考えつづけていた学者です。吉之助は、斉彬の使いの役をりっぱに果たしながら、自分自身も、日本全体のことを考え、日本の将来を心配する大きな人間へ成長していきました。

●思いとどまった殉死

そのころ幕府では、第13代将軍徳川家定のあとつぎが問題になり、斉彬は、幕府老中の阿部正弘や土佐藩主の山内豊信らと話をあわせて、水戸藩主徳川斉昭の子の一橋慶喜を第14代将軍にむかえることを考えていました。そして吉之助は、そのために力をつくすことを、斉彬に命じられていました。

ところが、この計画は大きくくずされたうえに、吉之助の身に、危険がふりかかるようなことにさえ、なってしまいました。井伊直弼が幕府最高職の大老になると、直弼の力で、つぎの将軍には紀伊藩（和歌山県）主の徳川慶福をたてることが決められ、さらに一橋家へ味方し

たものや、新しい政治を夢見て天皇中心の尊王攘夷をとなえる人たちへの、きびしい弾圧がはじまったのです。やがて1859年には、吉田松陰や橋本左内などが死刑になった、安政の大獄という大事件にまで発展しました。

そのうえ、吉之助には、もうひとつ大きな悲しみがふりかかりました。藩主斉彬のとつぜんの死です。吉之助は、大きなからだをふるわせて泣きました。そして、斉彬のあとを追って、自分も殉死することを考えました。斉彬のために命をなげだすことだけを考えて生きてきた、吉之助だったからです。

しかし、殉死は、思いとどまりました。命を惜しんだのではありません。

「斉彬さまの、おこころざしをついで、日本のためにはたらくことこそ、亡き殿がよろこばれることでは……」

このとき吉之助は、尊王攘夷のために寺を捨てて走りまわる僧の月照に、このように忠告され、つぶろうとした目を、もういちど開いたのだといわれています。

●海に身を投げ奄美へ島流し

斉彬が亡くなった数か月ご、吉之助は鹿児島へ帰りました。幕府ににらまれていよいよ身の危険がせまった月照を、薩摩藩でかくまってもらうことを考えたからです。しかし、幕府ににらまれることを恐れる藩に、月照をかくまうことを、ことわられてしまいました。

吉之助は困りました。斉彬さまが生きておられればと思ってみても、しかたがありません。でも、月照を鹿児島までつれてきた責任があります。その年の11月6日、吉之助は、死をかくごした月照とともに、鹿児島湾へ身を投げました。月照は45歳、吉之助は30歳でした。

ところが、その1か月ごに、鹿児島から南へおよそ200キロメートルはなれた奄美の島に、吉之助のすがたがありました。海へ身を投げてまもなく、意識を失ったまま助けられ、やがて元気をとりもどすと、しばらく幕府

の目をごまかすために、藩の命令で奄美へ流されたのです。名を菊池源吾と名のった吉之助は、島の人びとに読み書きを教えながら、薩摩へ帰れる日を待ち暮らしました。

藩へよびもどされたのは、およそ3年ごです。薩摩藩主は、島津久光にかわっていました。

吉之助は、数年ぶりに会えた兄弟とゆっくり語りあうまもなく、朝廷とむすびついて天下に号令をくだすために京都へ兵をあげようとする、久光の命令で、東へむかいました。しかし、数か月ごには、こんどは奄美よりももっと遠い沖永良部島へ流されてしまいました。京へのぼる途中、世の中の情勢が大きく変わってきているのに気づいた吉之助は、久光の上京が失敗に終わるのを心配のあまり、久光の命令にそむいた行動をとってしまったからです。

島では、初めは小さな牢獄にとじこめられ、物の苦しみ、心の苦しみとたたかわねばなりませんでした。でも、役人の同情で牢をだされてからは、島の人びとから、たいへんしたわれ尊敬されたということです。

●江戸を戦火から救った無血開城

1864年2月、吉之助は、およそ1年8か月ぶりに、鹿児島へもどされました。新しい時代をきりひらいていくためには、薩摩藩にとっても日本にとっても、吉之助の力が必要だったからです。京都へでて薩摩藩の軍を指揮する軍賦役にとりたてられた吉之助は、名を隆盛と改めて、朝廷を守りながら、はなばなしい活動を始めました。

1864年7月、隆盛は、京都を占領するために西から攻めのぼってきた長州藩（山口県）の軍を、朝廷の命令で討ちました。しかし2年ごには、この長州藩と仲なおりして、幕府をたおすための薩長同盟をむすびました。幕府陸軍奉行の勝海舟や土佐藩（高知県）士の坂本龍馬に「いまは、藩が力をあわせて、新しい世の中をつくりださなければいけないときだ」と説かれ、隆盛自身も、

幕府には、もう新しい政治を進める力のないことを、見ぬいたからです。

1867年、隆盛らの努力が、ついに実をむすびました。薩長に土佐藩もくわえた力が、まえの年に幕府の将軍職についていた徳川慶喜を動かし、幕府がにぎっていた政権を朝廷へ返させることに成功したのです。その年の12月に、天皇を中心にした新しい政府が生まれ、40歳の隆盛は、参与という高い位につきました。

しかし、新しい政府の幕開けに待っていたのは、いぜんとして幕府に味方をしようとする藩との戦いです。隆盛は、東征大総督参謀として各地におもむき、ひとつひとつ戦いをしずめていきました。なかでも歴史に残るのは、勝海舟との男らしい話しあいで成立した、江戸城の無血開城です。海舟との約束を守って江戸城総攻撃を中止した隆盛は、江戸を戦火からすくいました。

●西南戦争に敗れ城山で悲しい最期

こうして幕府を討つことに大きな功績をたてた隆盛は、やがて新政府の参議に任じられ、1873 年には陸軍大将となりました。ところが、この年の 10 月、政府をしりぞいて、鹿児島へ帰ってしまいました。

武士の世が終わりをつげ、武士の誇りもしごとも失った士族たちには、新政府への不満がつのっていましたが、隆盛は、この士族の不満を外へむけさせるために、朝鮮を討つ征韓論をとなえました。しかし、いちどは決まっていた征韓論が、大久保利通らにくつがえされ、怒った隆盛は、いさぎよく政府に別れをつげたのです。

隆盛は、鹿児島へもどったつぎの年、若い人たちを教えみちびく私学校を開きました。そして３年ご……。政府に、隆盛にむほんの心があると、疑われていることを知った学校の若者たちが、怒って、近くの政府の倉庫から武器や弾薬をうばう事件をおこしてしまいました。

隆盛は弱りました。政府と戦っても勝てる見こみなど

ありませんが、このままでは、事件をおこした若者たちは政府にとらえられ、きっと殺されてしまいます。

「しかたがない、なにごとも天命だ」

隆盛は、すべてを若者たちにまかせて立ちあがりました。西南戦争です。しかし、熊本まで攻めのぼって戦うことができたのは、およそ半年です。戦いに敗れて鹿児島へひきあげた隆盛は、桜島が見える城山へのぼって、静かに腹を切りました。およそ50歳でした。

政府は、隆盛を朝敵とののしりました。でも12年ごには、維新の功績によって天皇から正三位の位がおくられ、明治の英雄としてたたえられるようになりました。

ペリー（1794—1858）

1853年7月、江戸（東京）に近い浦賀沖を走る4せきの船を見て、人びとはびっくりしました。まっ黒なけむりをはき、大きな水車のような輪をぐるぐるまわしながら、波しぶきをあげて走ってきたからです。「黒船きたる！」。とどろく砲声に、江戸の町は大さわぎになりました。

アメリカからこのかん隊をひきいてきた、総司令官がペリーでした。ペリーは、15歳のときから海軍生活をおくり、アメリカ海軍に蒸気船をいち早くとり入れた軍人です。そのため「蒸気海軍の父」とよばれたほど、時代の流れを鋭くみぬく眼をそなえていました。色黒で二重あごの大男でした。からだが大きかっただけでなく、人をおさえつけるいげんがあったので、部下はひそかに「タイタン」（巨人）とあだ名していました。

当時のアメリカは、清国（中国）と通商条約をむすんで、貿易をはじめていました。アメリカから清国へ行くには、大西洋からインド洋をまわるより、太平洋を横断するほうがずっと便利です。それには、食料や燃料を日本の港で補給しなければなりません。

ペリーは、日本の国情をしらべ、アメリカ政府に意見書を出しました。その意見書に動かされた議会は、鎖国をしていた日本に開国をうながそうと決議し、ペリーを派遣しました。

「私は、アメリカ大統領の親書を持ってきた。どうしても受けとらないならば、将軍に直接談判する」

ペリーの要求を受けた江戸幕府は、うろたえながらも相談した結果、親書を受けとることになりました。ただし、返事はあ

とにのばし、ひとまず帰国してもらうことが条件でした。
「こんどこそ幕府の承諾をとってやる。もし拒否したなら力ずくでもこちらの要求を通してみせるぞ」
よく年2月、7せきの大かん隊をひきつれたペリーが、ふたたび日本にやってきました。大かん隊は、会見予定地にあてられている久里浜港で待機していましたが、幕府の返事がおくれていることに腹をたてて、さっさと品川沖までのりこみ、いまにも上陸しそうな気配です。
これに対抗する力のない幕府は、1854年3月、ペリーの要求にくっして、下田港と箱館（函館）港を開港することを約束した日米和親条約を結びました。こうして、200年以上もつづいた鎖国は幕をとじ、日本は開国の第一歩をふみ出しました。
ペリーは、そのご、日本に関するおおくの書物を残して、1858年3月に亡くなりました。

水野忠邦（1794—1851）

水野忠邦は、江戸時代の末期に「天保の改革」を指導したことで知られる政治家です。

1794年、唐津藩主水野忠光の次男として生まれた忠邦は、17歳で藩主になりました。忠邦はかねがね、幕府の政治に不満を持ち、自分が老中になって政治をやりなおすならば、力の弱まった幕府の息をふきかえすことができると考えていました。しかし、唐津藩主は、貿易港の長崎を守る大役があって、両方やるわけにはいきませんでした。そこで忠邦は、唐津藩から遠州（静岡県）浜松藩に国替えすることを将軍にねがい出ようと考え、重臣たちに話しました。

「殿、お国替えなど、めっそうもございませぬぞ」

家老の代表が、はねつけるようにそういうと、ほかの家来たちもいっせいに同調しました。国替えになると、収入が20万石から、6万石に減ってしまうからです。

「私は藩主だ。藩主の命令がいやなら、荷物をまとめて去れ」

忠邦の決然とした態度に、家来たちはみなおしだまりました。

やがて浜松に移り、老中になった忠邦は、家慶が第12代将軍になると、念願の大改革にとりかかりました。

この当時は、家康が幕府をひらいてから200年あまりもたち、商業の発達にひきかえ、武士階級の力は次第におとろえていました。長い太平の時代がつづいて、武士たちは剣術よりも、うたやおどりなど芸ごとに夢中になり、幕府も大名たちも、商人からの借金をかかえて苦しんでいるようなありさまでした。そこへ追いうちをかけるように「天保の大ききん」がおこり、各

地で一揆があれくるって、世の中はたいへん乱れていました。
「このままでは幕府があぶない」そう考えた忠邦は、自分と意見のあわない役人や、役に立たないと思われる役人をたくさんやめさせたのを手はじめに、数かずの改革を開始しました。
農村から江戸にでてきている農民に、村にかえって農業にはげむように命じた「人返し令」。商品の独占とりひきをやめさせて物価の安定をはかった「株仲間解散令」。また、倹約令を出して、大名から農民にいたるまでこれを守らせ、剣術をすすめ、芸事を禁ずるなど、次つぎに改革をおしすすめました。
しかし、あまりのきびしい取りしまりのため、幕府や大名たちのなかでも忠邦に反対する人たちがおおくなり、改革を開始してからわずか2年4か月で、忠邦は老中の地位を追われてしまいました。そのご忠邦は、出羽国（山形県）に国替えさせられ、56歳でさびしく世を去りました。

安藤広重（1797—1858）

安藤広重は、江戸時代の末期に活躍した浮世絵師です。四季おりおりの風景を心から愛し、ここに住む農民や町人のくらしぶりをありのままに表現しました。数かずのすぐれた風景版画はたくさんの人びとに親しまれ、世界にも広く知られています。

広重は幼名を徳太郎といい、1797 年、江戸（東京）の下町に生まれました。安藤家は代だい、定火消同心という、江戸城や町内の消防を家業にしてきました。小さいときから絵が大すきで、14 歳になると、浮世絵師の歌川豊広を訪ねて弟子入りしました。将来はりっぱな絵師になるつもりだったからです。豊広は、少年徳太郎が並外れた才能の持ち主であることを見ぬき、自分の名前の１字をとって、広重と名のらせることにしました。

広重は、はじめ役者絵や美人画などをかいていましたが、狩野派の絵や水墨画の画法、西洋画の遠近法などを勉強しているうちに、やがて風景画に力をいれるようになりました。

広重が 34 歳のころです。葛飾北斎の『富嶽三十六景』が大評判となりました。広重はこの絵に強いしょうげきを受けました。大胆な構図と独特の色の使い方で、風景をみごとにえがいていたからです。

その広重にも、まもなく名声をあげる機会がおとずれました。江戸から京都までの東海道を往復することになり、このときのスケッチをもとに『東海道五十三次』を発表したのです。東海道にある 53 の宿場に、日本橋と京都三条大橋を加えた 55 枚のつづき絵でした。夕ぐれ近く宿場をめざして道をいそぐ旅人の姿、風呂からあがったばかりの旅人が２階の手すりにもたれ

てすずんでいる風景、道をゆく飛脚や馬をひく馬子たち、雪げしきや富士山の美しいながめ、黄いろい稲の穂波……。次つぎと移りかわる土地の風景を、きめこまかく描いた風景版画は、たちまち江戸の町で評判になりました。こうして、版画とともに、無名だった広重の名はいちどに広まったのです。

広重は、そのごも各地に旅をして『近江八景』『京都名所』『金沢八景』『木曽街道六十九次』などの名作をのこしました。特に自分の生まれた江戸の風景はおおく『東都名所』『江戸近郊八景』『名所江戸百景』など100種類以上もあります。江戸の町とそこに住む人びとの生活、そして旅を愛した広重は、61歳で亡くなるまで絵をかきつづけました。

広重の絵は、北斎の絵とともに、ホイッスラーをはじめフランスの画家たちに大きな影響を与えています。町人の絵として評価の低かった浮世絵に高い価値を認めたのは、西洋人でした。

高野長英（1804―1850）

開国論者として有名な高野長英の一生は、時代を切り開こうとする者が、どんな苦しい目に会い、それに耐えて生き抜かなければならなかったかを教えてくれます。

長英は1804年、陸奥国（岩手県）水沢に生まれました。7歳で父を失い、母の実家にひきとられたのが蘭学をはじめるきっかけでした。養父の高野氏信が杉田玄白の弟子で、長英にオランダ語の手ほどきをしてくれたからです。やがて16歳になると長英は医学をおさめようと江戸に出ました。はじめ玄白の養子杉田伯元につき、さらに伯元のすすめでオランダ内科医学で名高い吉田長叔の弟子になりました。長英の勉強ぶりはたいへんなもので、まもなくオランダ語の辞典の翻訳を手がけるほどの進歩をとげました。

ちょうどそのころ、長崎でオランダ医者シーボルトが「鳴滝塾」を開き、日本の産業や文化を研究するかたわら蘭学をこころざす青年を集めて教えはじめました。これを知った長英は、さっそく長崎におもむきました。19歳のときです。

オランダ医学はもちろん、長英はシーボルトの日本研究を助けて資料をまとめたり各地の実地調査をする仕事にも人一倍努力しました。そのなかで長英の社会を見る目はとぎすまされ、自分一人の出世よりも、学んだことを少しでもおおくの人びとの役に立てようと考えるようになりました。

1828年、長崎留学をおえて江戸に帰ろうとしたやさき、シーボルト事件がおきました。シーボルトが日本から持ち帰ろうとした品物のなかに持ち出し禁止の日本地図があったからです。

役人の追及は塾生にも及びました。長英は災いをさけ、各地を転てんとしたあげく、1830年10月江戸に帰って町医者になりました。しかし、おだやかな日びは長くはつづきませんでした。

1833年、天保の大ききんがおこると渡辺崋山らとともに長崎での学友小関三英の呼びかけに応じて尚歯会に加わり、飢えに苦しむ人びとを助けるための対策をねって『二物考』という本を書きました。この本の中で長英は幕府のやり方を批判したので目をつけられることになったのです。さらに1837年モリソン号を砲撃して退去させた幕府の鎖国政策の誤りを『夢物語』に書いて明らかにしたため、『慎機論』を書いた崋山とともに捕えられてしまいました。6年後、牢が火事になったのにまぎれて逃げ出し、顔を硝酸で焼いて人相を変えてさすらいましたが、ついに、追っ手にとり囲まれて自殺しました。長英は自分の正しいと思ったことは、決して曲げない人でした。

緒方洪庵（1810—1863）

緒方洪庵は、日本の西洋医学の基礎を築いたばかりでなく、橋本左内、大村益次郎、大鳥圭介、佐野常民、福沢諭吉ら、近代日本の夜明けに偉大な足跡を残した人たちを育てた、大きな功績があります。洪庵が、松下村塾をひらいた吉田松陰とならび称されるのはそのためです。

洪庵は、1810年、備中国（岡山県）足守藩という小さな藩の武士の家に生まれました。15歳のとき、父が藩の用事で大坂（大阪）におもむいたとき、いっしょに旅をして、洪庵だけそのまま大坂にとどまりました。小さいころからからだが弱く、武芸の道にすすむより医者になることが、自分を生かす道だと考えたからです。そして、蘭方医として評判の高かった中環に弟子入りしました。

勉強家の洪庵は、環のところにいた４年間に蘭学のほん訳書をほとんど読みつくしました。まだほん訳されていないオランダ語の原書がたくさんあることを知った洪庵は、20歳のとき、環のすすめもあって江戸へ出て、蘭学医の大家である坪井信道や宇田川榛斎の教えを受けました。その間数さつのほん訳書を著わすまでになりましたが、それでもまだ満足できない洪庵は、さらに長崎へ行き、ニーマンというオランダ医について、医学や語学の教えを受けました。

28歳になって大坂に戻った洪庵は、開業医となりました。そして、日本ではじめて種とうをおこなったり、コレラの対策に力をそそいだり、日本最初の病理学書『病学通論』や、たくさんのほん訳書を著わすなど西洋医学の普及につくしました。

また、医者としてのかたわら、蘭学を学ぶ学校、適塾（適々斎塾）もひらきました。塾の名は、「他人の干しょうを受けないで、自分の適とすることを適とする」という意味をもっており、はっきりと自分を主張することを大切にしました。適塾の自由な学風と、洪庵のすぐれた学者としての名声をしたって、全国からたくさんの弟子たちが集まりました。その数はおよそ25年間に3000人におよんだといわれています。

こうして洪庵の誠実な仕事ぶりがみとめられるにつれ、将軍の侍医に推せんしようという運動がおこりました。洪庵はなんども辞退しましたが、ついにことわりきれず、1862年に江戸にのぼりました。将軍の侍医として仕えるかたわら、医学所頭取として西洋医学を教えました。しかし、上京したよく年6月、大坂にのこしてきた家族をなつかしみながら、52歳で亡くなりました。

佐久間象山（1811—1864）

幕末のころの日本は、朝廷を尊び外国をうちはらおうという尊皇攘夷派と、幕府をたすけて外国のために港をひらこうという佐幕開国派とが対立して、はげしくいがみあっていました。佐久間象山は、佐幕開国論者を代表する思想家、兵学者です。

象山は、信濃（長野県）松代藩の身分の低い武士の子として生まれました。幼いときからかしこく、行動がすばやいことで知られ、22歳ごろまでに、城下町ではもう何も学ぶものがないほど学問にはげみました。

22歳で江戸（東京）に出た象山は、漢学者佐藤一斎に弟子入りし、朱子学を勉強しました。そしてそのかたわら、新進蘭学者として新しい考え方をもつ渡辺崋山、杉田玄白たちとまじわり、オランダ語の勉強をはじめました。

原書を自由に読めるようになると、象山は、その知識を実際に応用しなければ気がすみませんでした。松代に帰って、養豚、ブドウ酒の製造、西洋医学による病人の治療、鉱山を開き、ガラス工場をたてるなど、藩の近代化につとめました。

31歳のとき、藩主が幕府の老中となり、海防掛を命じられると、象山は顧問にとりたてられました。象山はさっそく砲術の大家である江川太郎左衛門の門人になって、西洋砲術を研究しました。

象山が国防についてさらに関心を深めたのは、朱子学によると完全なはずの清国が、アヘン戦争でイギリスに負けるというまったく思いがけないニュースを耳にしたときからです。それ以来「東洋道徳、西洋芸術」つまり、日本の進むべき道は、西

洋の進んだ技術や科学は取りいれて、精神は東洋の儒学であるべきだと説くようになったのです。

1850年、象山は、江戸に出ると、深川の松代藩邸で塾を開き、兵学の講義をしました。名声を聞いて集まった弟子は、吉田松陰、橋本左内、坂本龍馬、勝海舟ら500人にものぼりました。

ところが1854年、ペリーの船で密航をくわだてた弟子の松陰が幕府にとらえられると、まもなく象山も松陰をそそのかした罪でつかまってしまいました。そして、郷里の松代藩にとじこめられてしまったのです。

罪をゆるされたのは、それから8年後のことでした。しばらくして京都に出た象山は、朝廷と幕府は力をあわせなければならないことや、今は攘夷のときではないことを公家や諸大名に熱心にといてまわりました。しかし、1864年7月、攘夷派の人たちにおそわれ、波らんにとんだ生涯を閉じました。

井伊直弼（1815―1860）

井伊直弼は、江戸時代の末期、対外的には200年来つづいていた鎖国体制がゆさぶられ、また国内的にも幕藩体制がゆるぎはじめたむずかしい時期に、幕府の最高責任者である大老として活躍した人です。歴史の曲がりかどに生きた直弼の一生は、個人の運命と時代の流れとのかかわり合いについて、さまざまなことを考えさせてくれます。

1815年10月、直弼は近江（滋賀県）の11代彦根藩主、井伊直中の14番目の男の子として生まれました。4歳で母を失い、16歳で父を亡くすと、直弼は長兄の12代藩主直亮から城外に小さな屋敷を与えられ、命じられるままにそこに移り住みました。このとき直弼は自らの住みかを埋木舎と名づけ、一生ここに埋もれて過ごす覚悟をきめ、出世の望みも捨てました。ただ若いエネルギーと知識欲はおさえることができません。茶道や国学の研究に、あるいは禅や居合の修行に、直弼は全力を注ぎました。

ところが直弼が31歳のとき、藩主直亮の養子直元が病死してしまい、かわりに直弼が養子に選ばれることになりました。さらに4年ご、藩主直亮も亡くなり、思いがけなく35歳にして直弼は13代彦根藩主となったのです。知識や体力はもちろんですが直弼がなみの藩主とちがうのは、埋木舎の時代を通して私利私欲にとらわれない冷静な判断力を身につけていたことです。まもなく直弼は名君として人びとの信頼を集めました。

1853年、アメリカ使節ペリーが浦賀（神奈川県）にあらわれ幕府に開国をせまる事件がおきました。産業革命をなしとげた欧米の列強による海外市場の開拓の波が、ついに日本にも打ち

寄せてきたのです。天下は開国か攘夷かで大混乱となりました。翌年ペリーが再来し、武力をちらつかせながら江戸湾深く乗り入れると幕府はやむなく和親条約を結びましたが、アメリカの本当のねらいは通商条約です。困りはてた幕府は名君のほまれ高い直弼を大老の位につけてことに当たらせることにしました。直弼はアメリカと戦っても勝ち目のないこと、さらにヨーロッパ列強につけ入られるすきを与えないためには通商条約もやむなしとの断をくだし、1858年、条約は調印されました。怒ったのは水戸藩の徳川斉昭をはじめとする攘夷論者の人たちです。

ここにいたって直弼は力による弾圧で難局を切り抜けようとして「安政の大獄」を引きおこしてしまいました。これを恨んだ水戸浪士らによって、1860年3月3日直弼は江戸城の桜田門外で殺され、直弼を失った幕府も衰亡への道を急ぐことになりました。

「読書の手びき」

渡辺崋山

1839年、幕政を批判した蘭学者たちが江戸幕府に捕らえられるという事件が起こりました。蛮社の獄とよばれている事件です。渡辺崋山は、この獄に連座してちっ居を命じられ、やがて自ら命を絶ちました。鎖国による日本の国際的なおくれを憂えたばかりに、いわば、思想弾圧によって誅されたのです。死を覚悟したとき「数年たって世の中が変わったら、悲しんでくれる人もあろうか」と、弟子に書き残したということです。また、わが子への遺書には「祖母につかえよ。母に孝をつくせ。父は罪人である。墓碑を建てるな。不忠不孝　渡辺登」と記しています。崋山は、自分の行ないは信じていました。でも、肉親が、罪人の子として、母として、祖母として生きていかねばならないことを思うと、やはり悲しくてしかたがなかったのではないでしょうか。他人への思いやりが深かったという崋山の心がしのばれます。崋山の死ご17年をへて、日本はやっと開国へふみきりました。

勝海舟

日本が1853年に開国して7年ごに、勝海舟は艦長として軍艦咸臨丸に乗り込み、日本最初の太平洋横断に成功しました。日本出帆の日、運悪く病床に伏していた海舟は、妻に「ちょっと品川まで行ってくる」とだけ告げて、そのまま乗船したということです。人間の大きさが測られます。海舟は、日本は早く列国と国際関係を結んで新しい統一国家を建設しなければならない、と考えていました。この先覚が、太平洋横断の壮挙を成し遂げさせ、さらには、西郷隆盛との会談による江戸の無血開城をも成功させたのです。官軍と旧幕府軍の争いが大きくなれば、日本はそのすきに列国のきばにかけられることを、しっかり見通していた海舟。そのからだのうちには、ほんとうの愛国心が燃えていたのではないでしょうか。日